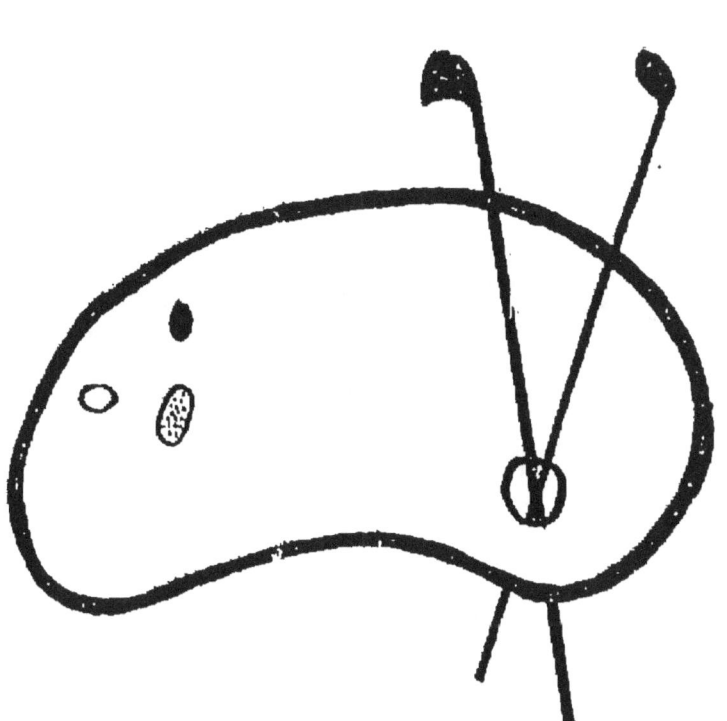

COUVERTURE SUPERIEURE ET INFERIEURE
EN COULEUR

17 et 18 Mars 1856

CATALOGUE

D'UNE

BELLE COLLECTION

D'ESTAMPES

ANCIENNES ET MODERNES

ÉPREUVES DE CHOIX.

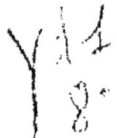

Falackow

CATALOGUE
D'UNE
BELLE COLLECTION
D'ESTAMPES
ANCIENNES ET MODERNES
ÉPREUVES DE CHOIX
Des Écoles Italiennes, Allemandes Flamandes, Hollandaises et Françaises
LITHOGRAPHIES ET PHOTOGRAPHIES
PROVENANT DU CABINET D'UN AMATEUR

DONT LA VENTE AURA LIEU

HOTEL DES COMMISSAIRES-PRISEURS
RUE DROUOT, N. 5
Salle n. 3, au 1er étage,

Les Lundi 17 et Mardi 18 Mars 1856, heure de midi.

Par le ministère de Me **DELBERGUE-CORMONT**,
Commissaire-Priseur, rue de Provence, 8,

Assisté de M. **VIGNÈRES**, marchand d'estampes,
Rue de la Monnaie, n. 13, à l'entresol, entrée rue Baillet, n. 1,
chez lesquels se distribue le présent catalogue.

EXPOSITION PUBLIQUE
Le Dimanche 16 Mars 1856, de 1 heure à 4 heures.

PARIS
MAULDE ET RENOU
IMPRIMEURS DE LA COMPAGNIE DES COMMISSAIRES-PRISEURS
rue de Rivoli, 144.

1856.

ORDRE DES VACATIONS

Lundi 17, n° 480
Estampes modernes 278 à 480.
Estampes anciennes 1 à 42.
Mardi 18, n° 43 à 277.

On commencera à une heure très précise.

Nous aurions pu nous abstenir de désigner à chaque article la beauté de l'épreuve, mais l'on se laisse facilement entraîner en voyant une belle pièce, la plume marche d'elle même, MM. les amateurs pourront se convaincre à l'exposition, de la vérité de nos assertions, à l'inspection seule du catalogue on peut juger qu'il n'y a qu'un homme de goût, pour former une pareille collection en tous genres.

M. Vignères, faisant la vente, se chargera des commissions.

La vente se fera au comptant; cinq pour cent en plus des enchères applicables aux frais.

Lasalle

2 50

3

3   H x 1

4

3 75
2 50   Me 111
4 50   Organ
3 50
24 25

DÉSIGNATION

DES

ESTAMPES ANCIENNES

—≺≺≻≻—

5	1 **Almeloven** (J.) Paysages à l'eau-forte d'ap. lui-même. B. 23 et 34. 2 p. belles ép.	8	50
2	2 **Aquila** (P.) D'apr. Raphael, Constantin défait Maxence, très-grande pièce en 4 feuilles, très-belle ép.	3	
2	3 **Audran** (B.) La Maladie d'Alexandre le Grand d'ap. Lesueur. Très-belle ép. encadrée.	3	Vig.
1	4 **Audran** (G.) D'ap. Dominiquin. Judith, Esther, David, Salomon. 4 p., très-belles ép.	4	"
1	5 — D'ap. Le Guide, saint André adorant la Croix. Ancienne et belle ép.	3	25
2	6 — D'ap. Raphael, le Cauchemar et la copie contre-partie. B. C. F. Mars. 1799. 2 p. Rares.	2	50 Vig
2	7 — D'ap. Raphael, la mort d'Ananie, ancienne et belle ép.	4	50 Vig
		3	50 Vig

8 — D'ap. Poussin, saint Jean baptisant dans le Jourdain. Ancienne ép.

9 — D'ap. Poussin, sainte Françoise. Anc. ép.

10 — — L'empire de Flore. Très belle ép.

11 **Audran** (J.) D'ap. Poussin, l'Hiver ou le Déluge et l'Enlévement des Sabines. Anciennes ép. 2 p.

12 **Balechou.** Portraits de Crébillon, père. d'ap. Aved, et Varin d'ap. Lefèvre avant toutes l. 2 p.

13 — Portrait de Mad. Aved filant avec un rouet. Belle ép.

14 **Barozio** (F.) Ou Baroche, saint François stigmatisé d'ap. son tableau qui est à Urbin. B. 3. Belle épr.

15 **Barriere** (Dom.) Riche composition allégorique religieuse, *Omne bonum* en haut, au-dessus de la sainte Trinité, entourée d'anges, au milieu un nombre infini de petites figures et scènes diverses; au bas *Omne malum* c'est l'Enfer pièce non décrite dans R. Dumesnil.

16 **Bartholozzi** (F.) Madona and Child, d'ap. arlo dolci. Belle ép.

17 **Beauvais.** D'ap. Poussin. Triomphe de Bacchus et d'Ariane. Très-belle ép.

18 **Beauvarlet.** D'ap. Vanloo et J. Vernet, portrait du marquis de Pombal, belle ép. d'une pièce rare, étant publiée en Portugal. gr. in-f.

19 **Bega** (C.) La jeune Cabaretière caressée. B. 34. Superbe ép. avant l'adresse.

L		2.50	a.s	2.5
L				3.50
L				2
L CzV				3
L				5
L				2.75
J K.XII.	10			
s		3		
s		1.25		
s		2		
L				4.50
e				1.50
		4		
		12.75		46.50

17	75		
2	2		
3	6		Sc.36.H.16. B.XX
	9		
	8	25	B XX. 10
	9	50	
	3	25	
	8	50	
	7		
	7		B.XXX
	2	50	
	8		
	7		
	4	75	
	8		
	5		
	4		
	3	25	
	6		B.N. D.450.
	9	50	~~D~~
	1	5	DXV
	8		
	6	50	
	10		B30
	3	75	
7	75		

— 8 —

20 — Le Cabaret. B. 35. Superbe ép. avant l'adr.
21 **Beham**. (Barthélemy). La Vierge à la fenêtre. Très-jolie pièce.
22 **Belle** (Etienne de la) Pièces rares, dont la première qu'il ait gravée; voir Jombert n°° 1, 5, 12, 14, 21, 22, 36, 46, 53, 55, 57, 58, 61 et autres, et 2 p. par Natalis, en tout 55 p. Sera divisé.
23 — Paysages et sujets en ronds. 21 p. belle ép.
24 — La Mort à cheval. 3 p. très-belles ép.
25 — Hongrois et Polonais à cheval dans des ronds. 7 p. belles ép.
26 — Agréables diversités, 11 p. belles ép.
27 — Facétieuse invention d'amour et de guerre. 13 p. rares.
28 — Diversi capricii. 22 p. belles ép.
29 — Les Éléments, paysages maritimes et ronds, 17 p. très-belles ép.
30 — Caprices et pièces pour la fortification, 45 p.
31 — Pièces tirées de diverses suites, 37 p.
32 — Chasses à divers animaux, 9 p. très-b. épr.
33 — Conduite de troupes. 12 p. très belles ép.
34 — Desssins pour la paix et la guerre. 6 p. 2 suites.
35 — Carte du cours de la Loire. Belle ép.
36 — Bataille des Amalécites. très belle ép.
37 — Le Florentin à la chasse. Belle ép.
38 — Frises d'ornements. 16 p.
39 — Cartouches petits et moyens. 11 très belles.
40 — Grands cartouches. 12 p. très belles ép.
41 — Le Pont Neuf. Très grande pièce.

42 — Le Reposoir, très belle ép. Premier état, avant l'adresse de l'éditeur.

43 **Bellavia** (Marc Antoine). Saint Anachorète en prières, première ép. avec l'inscription de trois lignes au bas qui furent enlevées et avant A. C. JN. B. 35 belle ép.

44 **Berghem** (N.) Le Ruisseau traversé. B. 12 belle ép.

45 **Bleker** (G.) Le Troupeau en marche. B. 8. Belle ép.

46 **Blooteling**. D'ap. Lely. Portrait de Catherine reine d'Angleterre, fille de Jean IV roi de Portugal. Très belle ép. in-8. Rare.

47 **Bolswert** (S.-A.) Portrait de Maria Ruten, épouse de van Dyck. Belle ép.

48 — D'ap. Rubens. Maria Mater del Regina Cœli. Belle ép. avec M. van den Enden ex.

49 — D'ap. van Dyck. La Marche de Silène. Deuxième état, avec l'adresse de Galle. Belle ép.

50 **Bosse** (Ab.) D'ap. de saint Igny. Costume d'un seigneur, la canne levée.

51 — Saint Évêque offrant son cœur à la sainte Trinité, avec l'intercession de saint Jean et d'une sainte. Superbe ép. avant toutes l.

52 — Costumes de seigneur et dame à genoux. D'ap. saint Igny et autres. 4 p.

53 — La Saignée. Belle ép. avec l'adresse de Leblond.

54 — Les présents à la mariée. Belle ép. adr. de Leblond.

	70	75
	12	50
	3	
	5	
	10	
Scr. XI	7	
&c	2	50
	6	
	2	50
	1	50
K. XI. Cas. XXII	18	
	7	
	5	
Sc.	18	
	136	25

　　　　13 25
　　　　　　　　17 50
　　　29
　　　　　　　25 50　　　　Se 31. Crg J XXV

　　　　15 50　　　　　　　Mayo C. So ll XV

　　　　13
　　　　86
　　　　5 50

　　　　　　　　1 25
　　　20　　　　　　　　　　　　JXX
　　　8
　　　5 50
　　　　　　　4 75
　　　　　　　13 50

　　　　　　　　9　　　　　　　　G 8
　　　　　　　　9

　　288 75

𝒯	55 — L'Hostel de Bourgogne. Belle ép., la bordure coupée.	
5 XV	56 **Both** (André). Les Débauchés et la fille de joie. Très belle ép. avec le nom *A. Both*.	
𝒯	57 **Both** (Jean). La Femme sur le mulet, B. 1. — Le grand arbre. B. 3. — Le Muletier. B. 6. — Le trajet. B. 7. — 4 p., belles ép.	
5	58 **Boucher** (F.) D'après Watteau. Portraits d'acteurs, La Torillière. Belles ép. avec marge. 2 p.	
5 X	59 **Bout** (Pierre). Les Chasseurs. B. 4. Belle ép. d'une pièce rare.	
5	60 — La jetée. B. 5. Belle ép. d'une pièce extrêmement rare.	
5	61 **Breblette**. D'ap. André del Sarte. Sainte famille. Superbe ép.	
𝒯	62 **Briot**. Portrait de F. de Malherbe. Belle ép.	
5 X	63 **Bye** (M. de). Le Muletier. Sup. ép. avec l'ad. de Visscher. B. 78. Rare.	
5	64 **Callot**. Les sept Péchés capitaux. 7 p. Très belles ép.	
5	65 · Massacre des Innocents. Très belle ép.	
𝒯	66 — Parterre du palais de Nancy et Martyre de saint Sébastien. 2 p.	
·	67 — Carrière de Nancy. Première ép. avant l'ad. de Silvestre. Très belle avec un centim. de marge.	
·	68 — Les supplices. Belle ép. rare.	
·	69 — Les Pantalons, Scaramouches. 3 p., très belles ép.	

70 **Cantarini** (Sim.) Dit le Pesarese. Enlèvement d'Europe. B. 30. Très belle ép. avant l'adresse de Robillart.

71 **Carrache** (Aug.) Sainte famille. 1597. D'ap. An. Carrache. Belle pièce. B. 43.

72 **Carrache** (An.) La Vierge à l'Hirondelle. Pièce gravée entièrement au burin, par lui. Belle ép. B. 8.

73 — La Soucoupe. B. 18. Pièce ronde, belle ép. Rare.

74 **Castiglione** (B.) Les équipages de Jacob. B. 4. Belle ép.

75 **Cathelin**. D'ap. Cochin. Portrait de J. ph. Lebas, graveur. Très belle épr.

76 **Caylus** (Comte de). D'ap. Coypel. Testament de Mad. Deshouillères pour son chat. — Buste de jeune fille, d'ap. Watteau. 2 p. curieuses et belles.

77 **Chardin** (D'après J.-B. Siméon). Le Tôton, gravé par Lépicié. 1742. Très belle ép.

78 — La Ratisseuse, par le même. Belle ép.

79 — L'Antiquaire, gravé par Surugue, fils. 1743. C'est un singe amateur de médailles. Belle ép. d'une pièce. Rare.

80 **Chevillet**. 1773. Portrait de Buffon, d'après Drouais. Ep. avant l. l.

81 **Choffart**. 1776. Allégorie, titre avant l. l. pour un livre sur les arts. Très belle ép. toutes marge.

82 **Cochin** (N.) Portrait de Boutemie, dessinateur, avec les vers en son honneur, imprimés au bas. Pièce rare, belle épr.

	288	75	46	50
	4	50		
	1	50		
		25		
	6	50		
	1	75		
H.3.W2	3	25		
Sc.	8	50		
Ma 8. C.6.	12	50		
	3			
	21			
Sc.			7	
M.it.5, H.6.	5	50		
Re 6, G8 X1 W.2	10			
	391	75	53	50
	5			

53	50	39,	75	
		2		S
		4.25		W2. G3..	S
4				L
4			MeVIII	L
1	50			L
		7		Sc.30. Mit. 6.	S
		1		S III
		2		S
		15		S
				S
Y.		15	50		SX
Y.	46			WIXX Cr.45.	L
Vi		9		O.9.	L
118		438	50	

S	83	**Cochin** (C.-N.) fils. Le Chanteur de cantiques, gravé par Madeline Cochin. Belle ép.	
S	84	**Crespy** (L.) fils. Portrait de A. Watteau, en buste, d'après lui-même. Premier état, avant la planche réduite. Très belle ép. grande marge.	Loiselet
£	85	**Daullé**. D'ap. Poussin, Jupiter et Calisto. Belle ép. Rare.	
£	86	— D'ap. Metzu. La Riboteuse Hollandaise, avant toutes l.	
£	87	**Desrochers**. Portraits de Scevole de sainte Marthe. — Sœur Spirite de Jossaud. 2 p. belles.	
S	88	**Diacre**. Jolie brodeuse, *quand on aime l'oisiveté*, etc. 4 vers, superbe ép.	
S III	89	**Dies**. 1792. Médée dans les airs. Belle ép.	
S	90	**Dietrley**. 1756. Sept figures jouant de divers instruments et chantant. Très belle ép. avant le n°.	
S	91	— Le Remouleur et le Savetier, pièce inspirée de van Ostade. Premier état, avant la plume au chapeau du remouleur et beaucoup de travaux. Très rare et belle.	Lois.
S	92	— Le même. Deuxième état. Très belle ép. avec marge.	
S X V	93	— Le Marchand de cantiques, riche composition cintrée. Superbe ép., rare, du premier état, avant le n°.	Lois.
£	94	**Dorigny** (N.) D'ap. Raphaël. Les cartons d'Hampton Court, suite complète de 7 p. Anciennes ép.	
£	95	— D'ap. Raphaël. La Transfiguration. Ancienne ép.	

96 **Drevet.** D'ap. Coypel. Portrait d'Adrienne Le Couvreur. Belle ép.

97 — Portrait de Louis XV en buste et en manteau royal. Très belle ép.

98 **Duflos** (C.-L.) Portrait de Pierre Boudou, chirurgien. Très belle ép. Rare.

99 **Dujardin** (K.) La vache et le veau. B. 3.

100 **Dumont** (J.) Agar. Belle ép. terminée par L. Surugue.

101 **Durer** (Albert). Saint Hubert. B. 57.

102 — Les offres d'amour. B. 93.

103 — L'Enseigne. B. 87. Très belles épr.

104 **Duvet** (Jean), dit le Maître à la licorne. 1555. Pièces de l'Apocalypse de saint Jean. B. vol. VII, page 504. — B. 14, chapitre I. Saint Jean voit sept chandeliers d'or. Très belle épr. cab. Delessert.

105 — B. 15, chap. IV. Saint Jean engagé à monter au ciel. Très belle épr. cab. Delessert.

106 — B. 17, chap. VI. L'Ouverture du sixième sceau. Très belle épr. cab. Delessert.

107 — B. 22, chap. X. Un ange descend du ciel, revêtu d'une nuée. Superbe épr. cab. Paar.

108 — B. 23, chap. XI. Les deux prophètes et la bête qui monte de l'abyme. Très belle épr. cab. Delessert.

109 — B. 24, chap. XII. La Femme revêtue du soleil. Belle épr. cab. Delessert.

110 — B. 25, chap. XII. Combat de saint Michel contre le Dragon. Très belle épr. avec déchirure en travers, sans marge.

		408	50
		2	
X ScXXX		14	
.4.		2	50
		1	
		1	
	22		
	8	50	
XII		16	
17			
17			
17			
31			
16			
18			
15			
		46	

118	461				
			17		
			23 50		
			16		
			15		
		17		Mch 15.	S 16
		13			S
		2 50		Sc	S
		1 75			S.
		6			S
		4			S
		9 50			S
1				H.A	J
			3	Sc	J
			14 50	S.7. J.K. H.8. G.5	J
				Sc	
119	514 75				

111 — B. 26, chap. XIII. La bête à sept têtes et à dix cornes. Belle épr. cab. Delessert.
112 — B. 28, chap. XV. Les vainqueurs de la bête chantent le cantique de Moïse. Superbe épr. cab. Bertin.
113 — B. 32, chap. XIX. L'Ange debout dans le soleil. Très belle épr. cab. Delessert.
114 — B. 35, chap. XXII. L'Ange montre à saint Jean le fleuve d'eau vive. Belle épr. avec quelques restaurations, cab. Delessert.
115 **Dyck** (A. Van). Portrait de Philippe Baron Le Roy, magnifique épr.
116 **Earlom** (R.). A. Flower Piece, d'ap. Van Huysum. Très belle épr.
117 **Echard** (Ch.). Ruines dans un paysage. Très belle épr.
118 **Edelinck** (G.), d'après Ph. de Champagne. C'est du Ciel que descend cette haute sagesse. Très belle épr. d'une jolie petite pièce R. D. 21.
119 — Portrait de Chrétien Huyghens R. D. 225. Très belle épr. avant la lettre.
120 — Portrait de Michel Le Tellier, chancelier, R. D. 244. Belle épr.
121 — Portrait de Pierre de Montarsis. Très belle épr.
122 — Portrait de Gherardi d'ap. Vivien.
123 **Edelinck** (N.). Portrait de Malebranche, d'ap. Santerre 1713. Belle ép. toute marge.
124 — D'apr. Nanteuil, portr. de Marie de Rabutin Chantal, marquise de Sévigné. Très belle ép. rare.

125 **Everdingen** (Ald. Van). Les Fontaine d'eaux minérales. B. 95 à 98. 4 p. très belles ép. cab. Rob. Dumesnil.

126 **Eynhoudts** (Rem.) Les pères de l'Eglise et sainte Claire, d'ap. Rubens. Très belle ép.

127 **Ferdinand** (P.). D'ap. Corrége, sainte Potentienne. Très belle ép. rare.

128 **Fessard.** Portrait de Mademoiselle Marg. de Lussan, femme auteur, et Madame Favart, par Flipart. 2 p. belles ép.

129 **Fialetti.** D'ap. Tintoret, les Noces de Cana.

130 **Ficquet.** Portrait de J. Balue, N. Berghem avec le mot *Corneille*; Charles XII, P. Mignard; A. d'Ossat, H. Rigaud; 6 p.

131 — Madame de Maintenon. Belle ép. papier double, Vadé et Voltaire. 3 p. belles ép.

132 **Flamen.** Vue du chemin de Saint-Mars, et basse-cour de Longuetoise R. D. 530. Très belle ép.

133 **Flipart.** D'après Cochin, portrait de Mad. Favart. 2 ép., dont une eau-forte pure.

134 **Focke** (H.). Entrée de forêt, avec palissade à droite; au fond, à gauche, une laitière et son troupeau. Belle ép. avec marge.

135 **Fontebasso** (F.). Enlèvement de Déjanire et enlèvement de Proserpine par Gandolphi. Jolie petite pièce, 2 p.

136 **Frisius** (Simon). Entrée de Jésus à Jérusalem. Belle ép.

137 **G.....** D'ap. Wateau fils, 1776, portrait d'ap. nature de Lantara, en pied, dans sa chambre. Belle ép. d'une pièce rare.

XS	Sc XXX	514 75	119	
		36		
S		2 75		
L			4 75	
S	C..... Sc XI	12		
L			3 25	
L			3 50	
L			8	
S		15		
L	H.X.VXXV Sc		29	
S		5		
S		8		
S		1 50		
S	g8xi w.s.	13 50		
		608 50	167 50	

167 50	108 50			S
	3 75			
	9 50		H.7.	S
	69			SX
		32		7
	5			S
	8		M.5. J.6.H.7.	S
8				L
	5			S
	11			SX
	1 50			S
	2		Me...	S
				S
175 50	125 25			

138 **Genoels** (Ab.) Le jeune homme au bord du ruisseau. B. 57. Belle ép.

139 **Gessner** (Sal.). Le Troupeau dans l'eau, près des ruines d'un temple; site magnifique. Très belle ép.

140 **Goltzius** (H.). Portrait à mi-corps de N. de la Faille, gentilhomme des Pays-Bas, B. 212, et, en pendant, celui de son épouse. B, 213. 2 p. superbes ép.

141 — Portrait du fils de Thed. Frisius, avec un grand chien de chasse et oiseau de proie; *chien de Goltzius*, très belle ép. d'une pièce rare.

142 **Goya** (F.). Le philosophe Mœnippus, en pied. Ep. avec grande marge.

143 **Hagedorn.** Deux paysages. N. 4, 1765; n. 34, 1745. 2 belles ép.

144 **Hogarth.** Le Mariage antipathique et the enraged Musician. 2 p.

145 **Hollar** (W.). Portrait d'Adam Elsheimer, peintre. Superbe ép.

146 — Vue de la Cathédrale de Strasbourg, superbe ép., pièce in-4. Très rare.

147 — Vierge et Jésus, avec la vue du siége de Cambrai au fond. Belle épreuve d'une pièce rare avec texte au verso.

148 **Hooghe** (Rom. de). Vue du grand pavillon dans le jardin d'Enghien. Belle ép.

149 **Hopfer** (D.). Médaille, portrait de Galba. B. 77. Très belle ép.

150 **Ingouf** jeune (F. R.). Portraits de Crébillon père, Destouches, Fontenelle, Moncrif, Piron, Scarron, Voiture et G. de Sainte-Marthe, par Gaucher. 8 p. in-12, lettres grises. — Autre portrait de Crébillon in-8.—9 p. en tout.

151 — D'ap. Greuze, le petit Napolitain. Sup. ép. marge.

152 **Jonge** (M. D.). Cavalier à la cantine du camp. Très belle ép.

153 **Jordaens** (J.). Scène de paysans, dont un tire une vache par la queue. Basan 37. Très belle ép.

154 **Kauffman** (Ang.). Son portrait sous la figure de Junon.

155 **Koninck** (Sal.). Buste de vieillard de profil. 1628. Très belle ép.

156 **Laer** (P. de). Les Chevaux, B. 2, et les deux cavaliers, très petite pièce rare. 2 belles ép.

157 **Lairesse** (Gerard de). Reine s'agenouillant au pied du trône d'un roi. Toute première ép. avant le nom et l'ad. de Visscher, très belle.

158 **Langlois**, D'après Mattei, portrait de Mademoiselle Crozat. Très belle épr. avant toutes lettres.

159 **Langlois** (E. H.). Ad. vivum, 1833; portrait de Madame Desbordes-Valmore. Eau-forte rare.

160 **Larmessin**. Portrait du cardinal Mazarin. In-8, très belle ép.

161 **Larmessin** (N. de). D'ap. Raphaël, Jésus-Christ portant sa croix. Ancienne et belle ép.

£		775 25	175 50
			5 50
S.		5	
S		3 50	
S		8	
S		4	
S		25	
S		8	
S		2 75	
S	H.4.	4 50	
S	Soll III Hen 250. Ru 5.	3 50	
S	H VII Oct. £.7	9	
£	Mo...		1 50
		778 50	182 50

182 50   778 50

                                              30

                    8   JXV.0.2

                    6   Col 1,25. Vol. C

                   7 8 50   IVA G 8. 7 H. 9.

                    3

                    8 50   Se. 8 J. 6 C...

        3 25

        4

                    4   Paper 2. CX.

                    5 50

                                   4   II. 5

                                  10   Bas XII
                                                         ...

    189 75   821

162 — et **Schmidt**. Contes de Lafontaine : Nicaise, les Troqueurs, les Rémois, les oies de frère Philippe. 4 p., très belles ép. toute marge.

163 **Lasne** (Michel). Portrait de François de Chanvallon, archev. de Rouen. Très belle ép. avant la lettre, avec marge; cab. Rob. Dumesnil.

164 — Portrait de François Rabelais, pour titre à ses épitres. Rare.

165 — Portrait de Barthélemy Tremblet, sculpteur; premier état avant que le cénotaphe soit enlevé. Superbe ép.

166 **Lautensack** (H. S.). 1553. Paysage; l'église à droite. B. 42. Belle ép.

167 **Le Beau**. Portraits de Mesdemoiselles Dutey et Raucourt, actrices. Très belles ép.

168 **Lefèvre** (V.). D'ap. Titien, Caïn et Abel, concert champêtre, et, d'après Paul Véronèse, la Géographie et l'Arithmétique. 3 p. belles.

169 — Le triomphe de Venise, superbe plafond en deux planches; belle ép. rare.

170 **Leu** (Thomas de). Portrait de Montaigne, avec marge et l'avis au lecteur, imp. au verso.

171 — Portrait d'Henri IV, tenant l'épée nue, avec : A Henri IIII, auguste roy de France et de Navarre. Belle ép.

172 — Portrait de Jean de Beaugrand, 2 ép., dont l'une très belle.

173 — Buste d'Henri IV couronné de lauriers, d'ap. Bunel, dans un portique d'architecture. Grand in-4. 1605.

174 **Lioni** (Octave). Portrait de Marcel Provenzale, peintre. B. 33. Belle ép. 5

175 **Loli** (Laurent). Saint Jérome, d'ap. J. A Sirani. Belle ép. 5

176 **Lombart** (P.). D'ap. Van Dyck, portrait de Anne comtesse de Bedford. Très belle ép. 5

177 — D'ap. H. Gascard, portrait de De la Fond, gazetier. Belle ép. 5

178 **Lucas de Leyde**. La prise de Jésus-Christ. B. 45. L'Homme de douleur. B. 76. Saint Mathieu. B. 101. Vierge et autres. 7 p. 9

179 **Maas** (D.). Cavalier se dirigeant à gauche. Belle ép. d'une p. rare. 5

180 **Maleuvre**. D'ap. Pujos, portrait de d'Alembert. 1775. Belle ép. avec marge. 5

181 **Mantegna** (J. Bacchanale au Silène. B. 20. Très belle ép. 7

182 **Marcenay** (A. de). D'ap. Van Dyck. Portrait d'Henri comte de Berghe. Très belle ép. avant la lettre. 5

183 — Portraits de L'Hopital, Sully, Turenne et Villars. 4 p. belles ép. 5

184 **Massard** (J.). 1773. D'ap. Greuze, le Fils puni, réduction charmante in-8. Rare. Superbe ép. avec marges.—La Frileuse, par Saint-Non. 2 p. 5

185 **Masson** (Ant.). Portrait de Marie Herinx, Madame Helyot. R. D. 36. Belle ép. 5

186 **Mellan** (C.). Portrait de Louise-Marie de Gonzague, reine de Pologne. Belle ép. 7

187 — Portrait du cardinal de Richelieu. Belle ép. 7

		8 2 1		189	75
H. 4. 8. 1/50		4	25		4
		2			
CXII		12	50		
		3			
	13	50			
		4			
				1	25
	3.5				
Brad XV.		5			
				3	
Ha VIII		9			
		4	50		
cx.		5			
a6		1	50		
		865	25	194	

194	565 75		
	2		LIX
	4 25		
	12 50		M. 8.
	65		—
	27		XXXVI
		5	
		5 50	
		4 50	
	2 50		
	17		
	10 50		M0 2.
10 50			
204 50	1006 00		

S	188 — Portrait de Gabriel Naudé ; premier état. Très belle ép. avec marge.	
S	189 **Meyeringh** (A.). Paysage en hauteur. Le troupeau de mouton. B. 2. Belle ép.	
S	190 **Morin** (J.). D'ap. Ph. de Champaigne. Adoration des bergers. R. D. 18. Belle pièce. Très belle ép.	
S XV	191 — D'ap. Juste, portrait d'Armand de Bourbon Conti. R. D. 47, premier état, très belle ép. Les noms d'artistes sont à l'encre.	
S	192 — Portrait de Jérome Franck, peintre. R. D. 52. Très belle ép. avec marge.	
J	193 — Portrait d'Omer Talon. Belle ép. avec les contretailles sur la manche gauche. État non décrit. R. D. 74.	
J	194 — Portrait de Jacques Tubeuf, d'ap. P. de Champagne. Belle ép. R. D. 80.	
J	195 **Nanteuil**. Portrait de Pierre Seguier. R. D. 223, deuxième état avant l'année 1661, et les coins formés de petits points.	
S	196 — Portrait de P. de Maridat, conseiller. R. D. 168. Belle ép.	
S x	197 **Ostade** (Ad. V.). Le savetier B. 27. Très belle ép., premier état avant la continuation de la Treille.	
S	198 **Perelle**. Vue et perspective du palais des Tuileries, côté de l'entrée. Le pont Saint-Ange à Rome. 2 p. très belles. Ep. marge.	
£	199 **Pesne** (J.). D'ap. Poussin, Triomphe de Galathée. Belle ép.	

200 **Peyron**. 1790. La mort de Socrate. Très belle ép.

201 **Picart** (B.). D'après Poussin. Le Temps enlevant la Vérité, Hermaphrodite et autres, et le Triomphe de la Peinture. 5 p., belles ép.

202 **Ploos Van Amstel**. Fac similé, d'après P. Potter. Le Pâtre et son troupeau près de la cabane, sup. ép. en couleur.

203 **Podesta** (J.-A.). Bacchanale. B. 2, belle ép.

204 **Pontius** (P.). D'ap. Van Dyck. Portrait de Gérard Segers, très belle ép. avec marge, et Martin Van den Enden.

205 — D'ap. Rubens. Portr. du comte d'Olivarès.

206 — Portraits de Philippe IV et Elisabeth de Bourbon, beaux portraits.

207 **Poussin** (D'ap. N.). La Charité romaine, par Pesne; et la Manne, par Audran. 2 p.

208 **Quellinus** (E.). Trois Enfants et un petit Satyre dansant au son de la musique faite par un autre enfant et petit satyre, sup. ép.

209 **Raimondi** (Marc-Antoine). Mars, Vénus et l'Amour. B. 345, belle ép.

210 **Rembrandt**. Son portrait avec l'écharpe autour du cou. B. 17, très belle ép.

211 — Portrait de Rembrandt dessinant, très belle ép. du 3ᵉ état avant la retouche. B. 22.

212 — Abraham qui reçoit les trois anges. B. 29, belle ép.

213 — Abraham caressant Isaac. B. 33, belle ép.

214 — Abraham avec son fils Isaac. B. 34, belle ép.

215 — Le Sacrifice d'Abraham, B. 35, tr. belle ép. avec marge.

	1006	204 50
		2 25
N. Triomphe	12 50	
	2 25	
	5	
X XII	12	
	5	
	10	
	15	
	6 50	
Mc 25	26	
	15	
SXXXX	47	
	12 50	
	27	
	27	
	1214 75	206 75

1214 75
10

6

10

12 50
13 50
29
9 50
19

26

21

5 50

5

23 50   W¹ B 25. D. 23.⁵⁷

4 50
10 50
1414 75

216 — David priant Dieu. 2 ép., dont une avant des travaux, état non décrit. B. 41, très belle ép. Ces deux pièces pourront être séparées.

217 — La Circoncision. B. 47, 1er état, avec les parties blanches dans le haut, très belle ép.

218 — Fuite en Egypte. B. 53, 2 ép. avec différences, dont une superbe d'effet, de manière noire.

219 — Le denier de César. B. 68, belle ép.

220 — Femme nue dormant. B. 204, très belle ép.

221 — Paysage au dessinateur. B. 219, très b. ép.

222 — Faustus. B. 270, belle ép.

223 — Portrait de Renier Anslo. B. 271, très belle ép. sur papier du Japon.

224 — Vieille femme assise. B. 344, belle ép.

225 — Vieille avec voile noir. B. 355, très belle et très rare ép.

226 — Griffonnement à la tête de Rembrandt. B. 363.

227 — Fuite en Egypte. B. 52, portr. de J. Lutma, B. 276, et Marchand de mort-aux-rats, de Van Vliet, 3 p.

228 **Restout** fils (J.-B.). Saint Bruno en prière, pièce en travers, tr. belle ép. rare, cab. Rob. Dumesnil.

229 **Rivalz** (Barthelemy). Portrait de Jean-Pierre Rivalz, architecte, d'après Ant. Rivalz, tr. belle ép. avec marge.

230 **Robetta**. Vénus entourée d'Amours. B. 18.

231 **Rubens** (P.-P.). Saint François. Basan 8; Sainte Madeleine qui s'arrache les cheveux. Basan 21. 2 p., belles ép.

— 20 —

232 **Saint-Aubin** (Aug. de). Portraits de Barthelemy, Diderot, Francklin, Gessner, Helvétius, la famille d'Orléans, J.-J. Rousseau, Voltaire. 8 p., belles ép., plus. avec remarques.

233 — Beaumarchais, Fontenelle, Gluck, Piron, Raynal, Sacchini, Saint-Evremont, Voltaire. 8 p., belles ép., plusieurs avec remarques.

234 — Adrienne-Sophie marquise de..., et Louise-Emélie baronne de..., 2 magnifiques ép. de charmants portraits de femmes, à toute marge.

235 **Saint-Non**. Le Concert d'amateurs, réunion de quatorze personnes, dont neuf musiciens; charmante pièce, tr. belle ép.

236 **Sarrabat** (I.). Portrait de François Rabelais. R. D. 27, belle ép. rare.

237 **Savart** (P.). Portrait de Fénelon, tr. belle ép. avec l'adresse barrière de Fontarabie.

238 — Portraits de Catinat, très belle épr., et La Bruyère, 2 p.

239 **Schmidt** (G.-F.). Le Juif Hirs Michel, d'ap. nature. Jacobi, 144 tr. belle ép. avec marge.

240 — La mère de Rembrandt. J. 145, belle ép.

241 — Portrait de jeune homme, d'ap. Rembrandt, tr. belle ép. J. 150.

242 — Sara présentant Agar à Abraham, d'après Dietrich, très belle ép. J. 175.

243 — Portrait d'Adrienne Le Couvreur, belle ép. avant l'adresse.

244 — Portrait de Jean Bernouilly, sup. ép. avec marge.

245 — Portraits de Law, Ninon de l'Enclos et Sanadon, belles ép. avec l'adresse d'Odieuvre. 3 p.

		141 75	206 75
£			15
£			11
£	CXXX		33
S	NcXX H.XI.	31	
S	lot o.	3 50	
S		6	
£			2 75
S		7 50	
S		8 50	
S		6 50	
S		5	
S	C.. H VI.	9	
S		4 50	
£	Chambry		2 50
		1495 25	271

271   16 96 25
                9 50
                2 25
                2 50
                6
                          7 50
                         18   Se xx H xv

                3 25
               10 50   H. V

                4 50   H. V.
                5

 13

                8 50

 60   O. 45
                                                  Me 18.
 344   168 25

246 **Schuppen** (P. Van). Portrait de madame Deshoulières, in-8, belle ép.
247 — Portrait de Franciscus de La Haye, médecin, in-8, très belle ép.
248 — Portrait de lady Warner, religieuse, d'ap. de Largillière, belle ép.
249 — Portrait de Louis XIV, d'après Mignard, très belle ép.
250 — Portrait de J.-F. Borri, chimiste; Joseph Foucault. 2 p.
251 — Portrait d'Anne-Marie-Louise d'Orléans, d'ap. G. Sève, très belle ép.
252 **Sharp** (W.). Circé, d'après Dominiquin, très belle ép.
253 **Silvestre** (Israël). Vue de la ville de Mascon, Palais de Médicis à Rome, et Vigne d'Este à Tivoli. 3 p., très belles ép.
254 **Soubeiran**. D'après Natoire. Iris se mirant.
255 **Soutman**. D'après Van Dyck. Judas vient de livrer le Christ, que les soldats emmènent, belle ép.
256 **Stella** (Cl.). D'après Poussin. Sainte-Famille aux enfants. *Ego mater pulchræ dilectionis*, belle ép.
257 **Subleyras** (P.). Le Serpent d'airain, premier état non décrit avant le titre et l'année 1727, très belle ép. avec marge.
258 **Suyderhoef**. D'après Terburg. La Paix de Munster, belle ép. richement encadrée.
259 — D'après Rubens. L'Enfant Jésus embrassant sa mère, magnifique ép. avec grande marge.

260 — Portrait de François Post, peintre, d'après Hals, superbe ép. avec la signature de Wille, 1750 au verso, cab. Revil.

261 **Swanevelt** (H.). La Madeleine en pénitence. B. 107, très belle ép., premier état, avec *et Excudit*.

262 **Teste** (P.). L'Enfant prodigue gardant les pourceaux. B. 7, très belle ép., premier état avant l'adresse de Mauperché.

263 **Tiepolo** (Dom). Saint François de Paule, belle ép.

264 **Trautman** (Georges). Résurrection de Lazarre, très belle ép.

265 **Trouvain**. Portrait de Jean Jouvenet d'après lui-même, très belle ép.

266 **Uden** (Lucas Van). Paysage au chariot que l'on relève, belle ép.

267 **Vallet** (Pierre). Son propre portrait. R. D. 153, belle ép.

268 **Velde** (Ad. Vande). La Brebis allaitant, B. 14, et les deux Moutons, B. 15, très belles ép.

269 **Visscher** (Jean de). Noce de Villageois, d'ap. Ostade, très belle ep. avant que la planche soit coupée en deux.

270 **Visscher**. Portrait Charles-Quint, belle ép.

271 **Vorsterman** (L.). D'après Van Dyck, portr. de Théodore Galle, graveur, très belle épreuve, avec M. Vanden-Enden, marge.

272 — D'après M. A. de Caravage, deux pèlerins à genoux devant la Vierge; belle ép.

	1568	25
wc	42	
	8	
	1	50
	5	50
	3	
	6	50
Ray XV	12	
G.X.VI S.2	6	50
Sc 28	29	
	8	
	6	
	10	50
	3	25
	1704	02

344   1755
         7 50   W..
         24   H. XXII
          6 50

         12 50   LXII
         25 ..

 /
 /

 /
 /
 2 50
 9 25
353 75 1779 50

273 **Watelet** (Cl.-H.). 1758. Son propre portr., d'ap. Cochin, très belle ép.
274 **Waterlo** (Ant.). La Ferme au bord de l'eau, très belle ép. B. 116.
275 **Weirotter** (F.-E.). Deux paysages faisant pendant : Vues de Vernonnet en Normandie, avant les armes et la lettre, très belles ép. 2 p.
276 **Wierix** (J.). Carolus Magnus imperator, très belle ép. avec marge.
277 **Zingel** (Martin). M. Z. La décollation de Sainte-Barbe. B. 9. Rare.

ESTAMPES MODERNES

278 **Anderloni** (P.). Portrait de Canova, d'après Bossi, très belle ép. avant toutes l. Rare.
279 — 1818 et Folo, 1807, d'ap. Poussin. Moïse défendant les filles de Raguel, et le Temps découvrant la Vérité. concours de gravures.
280 **Angelico da Fiesole** (D'ap.). La Crêche et le Massacre des Innocents. 2 p.
281 — Saint-Dominique, par Muller, chine, — Ste-Catherine, par Stolzel. 1824. 2 p. belles ép.
282 **Anonyme**. D'après Raphaël, la Vierge du palais Colonne ép. avant toutes l.
283 **Artaria** (Cl.). 1836. La Vierge, Jésus et Saint-Jean, d'ap. B. Luini, belle pièce rare.

2		284 **Artistes modernes**. Eaux fortes, par Eug. Delacroix, Étex, T. Johannot et autres, par Amaury-Duval, d'ap. Léop. Robert, Schnetz et Ziegler. 7 p. sur chine pour un ouvrage de M. Ch. Lenormand.	£
1		285 **Astolfi** (G.). D'après Bagnacavallo, Sainte famille avec plusieurs saints, belle ép.	s
1		286 **Baily** (J.), Stage-Waggon. — Mail-Coach. 2 p. gravées en coul.	£
2	75	287 **Baron** (H.). Ciceri, Decamps, François et autres (par et d'ap.). 7 p. lithog.	s
2		288 **Bazin** et autres, d'ap. Gérard. Portraits de Madame Regnault de Saint-Jean-d'Angéli, Mlle Georges et famille Auguste. 3 p.	s
4		289 **Beisson**. Portrait de Paesiello, d'ap. Madame Le Brun, ép. d'artiste, très belle.	£
50		290 **Bellanger** (H.). Collection de 4 albums cartonnés. — N° 1, sujets militaires et autres, 1823 à 1825. 48 p. — N° 2, 1826 à 1829. 65 p. — N° 3, sujets divers, 1830 à 1835. 51 p. 1 vol. croquis. 58 p., en tout 222 p. **222 p.**	
Vig 1		291 **Bellay**. D'ap. Devéria, portraits de Talma, belle ép. avant l. l., chine, rare.	s
		292 **Bertonnier**. Portr. de G. Cuvier, belle ép. d'artiste sur chine.	£
Vig 1		293 **Bettelini**. Portrait de Pie VII, d'apr. Camucini, belle ép.	£
Vig 8	50	294 **Blot**. 1793. Portraits d'An. Carrache, d'ap. lui-même, belle ép., lettre grise, — le Parmesan, belle ép. avant toute l. 2 p.	£
3	75	295 **Boissieux** (J.-J. de). La leçon de botanique. Rigal 20.	s

1774 50	353 75
1	2
1	
	1
2 75	
2	
	4
50	
1	
	1
	1
Mad. W8	8 50
3 75	
1793	371 25

371 95   1790
              8
              1 50
              2 25
             15 50
                              1 50
                              2 50

              4

  7 50
  2
  1 25
  9   G.250 JIX

  6
                      200   MOIZD
                              MOXV. 25 X
                              MO XII

 397   1821 25

s	296	— Vue des bords de la rivière de l'Ain. R. 42.	8	
s	297	— Vue du champ Verd, près de Lyon. R. 43, avant l'adresse de D. Artaria.	1	50
s	298	— Vue du château de Madrid. R. 44. Ces deux pièces sont sur papier de chine avec marge.	2	25
sxv	299	— Chantier de Savigny. R. 69, superbe ép. avec marge.	15	50
D	300	— Passage du Garillano. R. 31.	1	50
D	301	— Vue d'Hiver. R. 73. Ces deux pièces sont très belles et anciennes ép.	2	50
s	302	**Bonnington**, Fontaine de la Crosse, entrée de la salle des Pas-Perdus, à Rouen et autre. 3 p.	4	
L	303	**Bourgeois**. 1814. Portrait de L. David, d'ap. Rouget, belle ép. lettre grise.	7	50
L	304	**Bruloff** (A.). Portrait de Walter-Scott, lith. rare.	2	
L	305	**Brunel-Rocque**. Andromède, d'ap. Barbe, belle lithog.	1	25
L	306	**C. Princesse de Chimay**. 6 sept. 1816. Portraits des trois enfants de Mad. Tallien, lithog. par elle-même, ovale en travers très rare.	9	Vay
L	307	**Calamatta**. 1836. Portrait de Georges Sand, très belle ép. d'artiste, chine, in-4.	6	
	308	**Charlet**. Collection d'albums de 1820 à 1827, 17 vol. carton. Choix de premières ép. — Costumes militaires français à la plume, coloriés, 22 p. publiés vers 1820. — Costumes de la garde impériale coloriés, 29 p. dont plusieurs sont très rares, dito 1820. — 1817 à 1822, le	200	

pauvre Diable, On dit... et autres pièces rares. 20 p. dont 2 copies.—1823. 19 pièces.—1824, 18 pièces.—1825. 22 pièces.—1826. 20 pièces. 1827. 20 pièces. — 1828. 18 pièces. — 1829. 23 pièces, dont 6 p. inédites, pensées rares.— 1830. 26 pièces, dont 8 titres de romances très rares imprimées à part. — 1831. 38 pièces dont plusieu.s titres de romances et portraits de Napoléon, très rares. — 1832. 38 pièces, dont 15 p. tirée. des journaux l'*Artiste*, la *Caricature*, titres de romances et premières pensées non terminées. — 1833. 20 pièces, Souvenirs d'Anvers. — 1834. 19 pièces. Entrée milord Gorju, sortie milord Lagobe, croquades inédites de premières pensées très rares ; une copie et 11 vignettes gravées pour les chansons de Béranger, — 1835. 25 pièces alphabet.—1836-1837. 48 pièces, dont trois premières pensées très rares. 1823 à 1828. 28 pièces croquis et pièces inédites, la plupart extrêmement rares. — 1830 à 1836. 39 pièces, croquis, titres de romances et pièces inédites, dont la plupart très rares, en tout 502 p. 521 p

309 — Les Quatre Mendiants, et la Consigne. 2 p. lithog. de Lasteyrie, très rare.

310 — École du Balayeur, Voilà pourtant comme je serai dimanche et autres ; pièce inédite, etc. 6 p.

311 **Coiny**. 1822. Portrait de Michallon, d'ap. L. Coignet. belle ép. d'une pièce rare.

312 **Conquy**. 1838. Portrait de Guil. Warham, archev. de Cantorbery, très belle ép. d'artiste chine.

				1871	25	397	
	20p.DJ.20..No						
	No XX						
	No XX						
	No XX						
	No XXV						
S	DJ.X No.4			11			
S				7			
S	G.D...W.4.					3	25
e						1	
				1839	25	401	25

401   75   1839   95
                1 20

        1

        1

        8 50

        6

                2

                2 25

        3
                                    2 75
                                    2 75
                                    3
                                    3

                    3 50

            1 50
        422 95   1867

Sc.xx

313 **Copia.** D'après Prudhon : la Loi, l'Égalité ; deux charmants bas-reliefs, très belles ép. avec les noms d'artistes à la pointe.	20	
314 **Cotman**. 1814-1817. Architecture du moyen-âge et vue en Bretagne, par Toudouze. 3 p.	1	Vig
315 **Counis.** Portrait de A. Reicha, comp. de musique. 1825, belle ép. lithog. rare.	1	Vig
316 **Cousins.** 1835. Vittoria d'Albano, d'après H. Vernet, très belle ép., lettre grise, chine.	8	50
317 **Debucourt.** D'après Isabey, portrait de Louis XVIII, très belle ép., lettre grise.	6	
318 **Delacroix** (Eug.). 1849. Lionne déchirant un Arabe, vernis-mol, belle ép. chine.	2	
319 — Deux pièces de Faust, fin de page de l'introduction à l'Auvergne et autres. 4 p. lithog.	2	25
320 — Jane Shore, acte V, belle ép. lithog. chine.	3	Vig
321 **Demarne** (J.-L.). L'Homme sortant de la haie.	2	75
322 — L'Homme suivi de son chien entrant par la Porte.	2	75
323 — La Famille et le Troupeau près de la cabane à droite.	3	
324 — L'Oreille tirée. Ces 4 pièces très belles sont premières ép. avec remarques.	3	
325 — Le Bateau, jolie petite pièce, et la Bergère et son Troupeau, près de la statue, premières et belles ép. 2 p,	3	50
326 **Denon**. Son portrait dessinant dans son cabinet. — Le cardinal de Bernis dans un groupe de flatteurs. Rare. — Deux Jeunes Dames, par Novelli, d'ap. Denon. 3 p.	1	50 Vig

327 — Portraits de Dolomieu et Sulkowski sur la même feuille, d'ap. les dessins faits au Caire par l'auteur, lithog. rare. £

2 50   328 **Desmadryl.** D'ap. Gavarni, travestissements coloriés tirés de *l'Artiste*, ép. grand papier. 3 p. £

Vig 1   329 — Portrait de Georges-Sand, d'ap. Charpentier, première et belle ép. chine, grand papier. c

Vig 5   330 **Desnoyers.** D'ap. l'antique, l'Amour et Psyché avant l. l. — Le Tireur d'arc avant toutes l. Ces 2 p. d'après les dessins de M. Ingres. £

Vig 5   331 — D'ap. Corrège : la Madeleine en buste dans un ovale équarri, très-belle ép. s

Vig 1 50   332 **Deveria** (A.). Portraits lithog. de Châteaubriand. B. Constant, C. Perrier. J.-B. Say. Sur chine, la fille de Carlo Dolci et une dame en pied. 6 p. belles ép. £

1 25   333 **Dien**. L'Offrande à Esculape, d'ap. P. Guerin, avant toutes l. £

Vig 2 50   334 — Portraits de Mme Catalani avant l. l., Henriette d'Angleterre, lettre grise, et Raphaël et Pérugin. 3 p. belles ép. £

Vig 6 50   335 **Dupont.** (Henriquel). Portrait de Montaigne avant l. l. Agnès, d'ap. Dessenne, avant l. l., chine, et l'école en Turquie, d'ap. Decamps. 3 p. s

Vig 1   336 **Fielding** (N.). Canards sauvages. s

10 50   337 **Flesinger.** Portrait de Mirabeau. 1793. Premier État, lettre grise avec l'adresse de Londres. £

Vig 1   338 — Bernadotte. — Kleber. 2 p. belles ép. £

	1867	422 25
		2 50
		1
H.XV		5
H.XII	5	
		1 50
		1 25
Du 5.		2 50
P.G.Du 1050	6 50	
L.2.	1	
G.250		10 50
		1
	1879 50	447 50

1879 50   1879 50

　　　1

　　　2

　1 75

　1 50   Dr.A.

　　9   W.C.

　　　　　　2 25   L.R.

　　4   H.C.

　7 50
　4 25

　1 50

　　5
　3   1882 75
　5
　5
498 00

339 — Barnave, Robespierre, Sieyes, d'ap. J. Guérin, in-8. Première ép. avec le nom seul. ép. bistres très belles.

340 — Buonaparte et Bernadotte. 2 p. belles ép.

341 **Finden**. D'ap. Th. Laurence, portrait de la comtesse Gower av. l. l., chine, très belle ép.

342 **Fontana**. Portraits de Canova, d'ap. le buste d'Ant. d'Este. — La Fornarine du palais Barberini, d'ap. Raphaël. 2 p. belles ép.

343 **Forster**. 1827. D'ap. Girodet. Endymion et vignettes pour Émile, d'ap. Deveria. 2 belles ép. d'artiste, chine.

344 **Fournier**. 1836. D'ap. M. Ingres, portrait de Bartolini, sculpteur, belle ép. chine d'une pièce rare.

345 **Francia** (L.). Maître de Bonnington, a *North-Country Brig in distress* et autre. 2 p.

346 **Franck**. Les Chanteurs, d'ap. le bas-relief de Luca della Robbia, belle ép. signée par le graveur.

347 **François** (A.). Portrait du Titien, d'après lui-même, avant l. l., sur chine, belle ép.

348 **Frey** (J. de). D'après Rembrandt. Démonstration anatomique, très belle ép. avec l'explication. 2 p.

349 **Garnier**. D'ap. Gérard. Portr. de Charles X, ép. avant toutes l., chine.

350 **Gauerman** (J.). Paysage montagneux en hauteur, belle ép.

351 **Gavarni**. Choix des meilleures pièces de ses diverses collections. 80 p., très belles ép. avant le texte au verso. Sera divisé.

352 — Pièces choisies dans les œuvres nouvelles. 24 p. de même avant le texte au verso.

353 — OEuvres nouvelles avec le texte, ép. du journal. 43 p.

354 — (D'ap.), par Regnier et Bettanier, les Coulisses de l'Opéra et le Cirque Olympique. 2 p. en couleur très belles.

355 **Geille.** Portrait du général Lafayette avant l. l. chine,—et Puget, d'ap. lui-même. 2 p.

356 **Geniani.** D'ap. Cesare da Sesto, Vierge et l'Enfant-Jésus, belle ép. d'une belle pièce.

357 **Géricault.** Collection très rare en 2 vol. in-fol. Titre *Various subjects drawn from Life*, etc. 12 p. publiées à Londres. — *The Piper.* — *An Arabian Horse.* — *The coal Waggon.* — *Pity the Sorrows of a poor old Man!* — *Horses exercissing.* — *A Paralytic Woman.* — *A Party of Life Guards.*—*Entrance to the Adelphi Ware.* — *Horses going to a fair.* — *A. French Farrier. The Flemish Farrier.* — *The English Farrier.* = Sujets dessinés à la plume sur carton pierre. 5 p. — Cheval fin encoiffé de sa couverture, Cheval commun, les Trois Enfants et le Baudet, Lion dévorant un cheval, Enfans faisant niche au marchand de poissons qui dort. = Pièces au crayon très rares. — *Retraite de Russie*, grande pièce en hauteur imprimée avec fond jaune. — Charette de blessés militaires.—*Le Factionnaire suisse au Louvre.*— Mameluck soutenant le trompette blessé. — *A cheval*, cuirassiers sonnant le boute-selle. — *Boxeurs.* — Le Porte-Étendard,

		498
		9 50
D.F.3.		8
VVII		7 50
		1 50
		3
D.F.255.	640	
↨ CCCC		52 40
VDC.		

époque Louis XIII extrêmement rare. — Trompette de lanciers très rare. — Portrait de Géricault malade, par Léon Cogniet. — Portrait de Géricault, lithog. par lui-même. = Petits chevaux. 12 p. Deux hommes ferrant un cheval de trait, le Jockey qui se retourne, Cheval nud, Cheval noir prêt à sauter la barrière, le Guide accoudé contre son cheval, Jockey conduisant son cheval, Cuirassiers attaquant une batterie, Officier d'artillerie commandant, Homme menant trois rosses, le Cheval détélé de la charrette devant la porte de l'auberge, Postillon avec deux chevaux, la Course trois jockeys; suite de 12 p. Titre : *Études de chevaux d'après nature*, Jument et son poulin, *Cheval cauchois*, *Cheval d'Hanovre*, *Jument égyptienne*, *Chevaux d'Auvergne*, *Chevaux ardennés*, *Cheval anglais*, *Cheval espagnol*, *Cheval arabe*, *Chevaux flamands*, *Cheval de la plaine de Caen*, *Cheval de Mecklembourg*, cheval mort effet de neige. — — Le Tombereau avec trois chevaux. — Maréchal-ferrant sous un hangard. — Le Postillon, effet d'hiver. — Ces 4 p. sont avec l'adresse de M™° Hullin. — Lion déchirant un cheval. — *Chevaux de ferme*. — Officier d'artillerie au galop, vu par derrière. — *Lara blessé*. — *Mazeppa*. — *Lara*. — *Le Giaour*. — *Le Giaour, cet ennemi est là*, etc. — *La Fiancée d'Abydos*. — *Église de Saint-Nicolas*, tirée de la Normandie de M. Taylor. — Titre : *Études de chevaux* pour la suite de 12 grands chevaux. — Jockey en chapeau conduisant au pas deux chevaux vers la droite. — Jockey en casquette conduisant au galop deux chevaux vers la gauche. — Cinq chevaux de traits conduits par deux hommes. — Cheval noir attaché à la porte de l'écurie. — Chariot de charbonnier traîné par cinq chevaux. Cheval de plâtrier piaffant. — Conducteur de cheval buvant un coup. — Garçon faisant manger l'avoine à un cheval attelé. — Maréchal-ferrant tapant de sa tenaille un cheval qui mord. — Cheval de trait que l'on va ferrer. — Maréchal ferrant un cheval dont le pied est attaché. — Postillon donnant à boire. — Passage du Mont-Saint-Bernard, pièce tirée de l'histoire de Napoléon d'Arnaut. — *Bull-Dog*, par Aubry, d'ap. *Géricault*; cet œuvre, composé de 81 pièces, la plupart d'une grande rareté, d'une beauté d'épreuve et condition magnifique, est telle qu'elle a appartenu à feu M. Constantin, ami de Géricault.

358 **Gericault**. Le Postillon, effet d'hiver, et le cheval mort. 2 p. sup. ép. avec l'adresse de Madame Hulin.

359 — Le Maréchal-ferrant et autre, papier de couleur. 3 p.

360 **Gibert**. 1809, d'après L. David. Portrait équestre de Bonaparte passant le St-Bernard. Sup. épr. lettre grise, rare.

361 **Girard**, d'après Gerard. Portraits de Talma et de Lamartine. 2 p.

362 **Girardet** (Ab.), d'après Poussin. Fêtes à Bacchus et à Cérès. 2 p.

1882 75   577 50

5 50

5 50   5

                     2

                     2 75

1893 75   587 25

537 15   1893 75
              15 50

                1

      4 25
      1 25

      4

      2

              2 25

      1 25
γ
      3

      3

              4 25

γ   1 25   Ant K

      2   H.A.
    559 15 1916 75

§xv	363	**Grobon** (J.-M.). Intérieur de la forêt de Roche-Cardon, près Lyon. Très-rare et superbe ép. avant l. l. avec grandes marges.	15 50
5	364	**Gudin** (T.), eau-forte 6°, 1828, le Retour du pilote, et autres lithog. 3 p.	1 Vig
5	365	**Hanfstaengl**. La Vierge au Saint-Sébastien, d'après Le Corrège. Belle lithogr. Chine.	4 25
	366	**Heath**, d'après Lawrence, portrait de lady Georgina Agar Ellis, avant l. l. Chine, très-belle épr. 2 p.	1 25
	367	**Hersent**. 1818, Contes de La Fontaine. 8 p. lith. Belles épr. rares.	4
	368	**Isabey** (J.). Portraits lith. de Mme Sophie Gail, 1819. — M. Eug. Isabey, 1821. — Parny, 3 p. belles.	2
s	369	**Jacques** (Charles). Le Conducteur de cochons, à cheval. 4 ép. avec différences, et intérieur, d'après Ostade. 5 p. belles épr.	2 25
	370	**Jamont**, d'après Hals. Portrait de Sully, lettre grise Chine.	1 25
	371	**Johannot** (Al. et Tony). Arrestation, Don Quichotte, Charles VI, scène de la Vendée, etc. 8 p. à l'eau forte, belles épr.	3
x	372	**Josi**, d'après Grassi, portrait de Kosciuzko. Belle épr. rare.	3 Vig
A. 5	373	**Kolbe** (C.-G.) Paysage n° 91. Très-belle ép.	4 25
	374	**Lacour**. Lithog. d'après les sculptures de N. et A. Pisani, de l'Orgagna et J. della Quercia. 4 p. rares.	1 25
£	375	**Lami** (E.) Armes de la cavalerie française, 1831. 3 p., et bataille avec le général Bonaparte, par Gudin, avant l. l. 4 p.	2

1	25	376 **Langlois** (P.-G,), d'apr. C. Bega. L'éducation badine avant l. l. Très-belle épr. avec marge.
	5	377 — Portraits de Barthelemy, d'apr. Houdon, l. grise Chine. — Dominiquin, d'après lui-même, l. grise Chine. — Marquise du Châtelet, d'après Loir. 2 ép. avant toute l. et avec l. l. — Fontenelle, d'après Voiriot avant l. l. — —Frédéric II, avant toute l.—Pierre Ier, avant toute l. — Vertot, avant l. l. — Voltaire, d'ap. Latour, les noms d'artistes à la pointe sur Chine. 9 p, très-belles.
4	25	378 **Lasinio**, d'apr. Pinturiccio, fresques peintes à Sienne. 2 p. dont une avant l. l.
		379 — Sainte Catherine de Sienne, d'après Sodome, et Adoration des Mages. 2 p.
Vig.	1	380 **Laugier**. Portrait de Napoléon pour l'ouvrage de M. de Chambure, avant l. l. Chine, rare.
Vig.	1	381 **Laurent**, d'après Titien. Martyre d'un saint, ép. d'essai non terminée. Très rare
Vig. 3	75	382 **Le Mire**. Portrait de Louis XVI. Charmant portrait in-8. Belle épr. rare.
	3	383 **Lemud** (A. de). Le café, 1840. Superbe épr. avant l. l. Chine.
3	50	384 **Leroux**, d'apr. M. Ingres, portrait de M. Dumont, les noms d'artistes à la pointe. Très-belle épr. rare.
Vig. 1	50	385 **Lignon**. Portraits de Bernardin de St-Pierre, d'après Girodet, avec le nom de graveur à la pointe. Maréchal Suchet, d'apr H. Vernet, les noms d'artistes à la pointe. Epr. chine. 2 belles épr.

559	75
1	25
5	
4	25
..	..
1	
1	
3	75
3	
3	50
1	50
583	50

H.A. Du 350.

589 50	1916 75			
1 50				
2 25				Sol. 250
2 75				
	4			£ 5.
1 25				
		39		No x
	1 25			
1 50				Ma III
	2			No 5
	3 25			Ma III
1 75				
4				H. H.
598 50				
	5			
	2			
	1944 25			

386 **Longhi**. Portrait de Napoléon avec la couronne de fer, comme roi d'Italie. 1812. Belle épr. rare.

387 **Lupton**, d'après Cuyp, The Passage Boat, 1824. Belle ép.

388 **Madou**. Portraits en pied, lith. de L. David, peintre, et Talma. 2 p. belles et rares.

389 **Marilhat**. Souvenir de la campagne de Rosette. Eeau-forte, grand papier.

390 **Marin Lavigne.** D'ap. H. Vernet. Portrait du maréchal Gouvion St-Cyr. Belle ép. Chine.

391 **Marvy**. Eaux-fortes gravées en Angleterre, d'ap. les tableaux du Musée Britanique. 21 p.

392 **Marvy** et autres. 4 p. à l'eau-forte.

393 **Masquelier** (C.-L.) 1814. D'ap. Rubens. Élévation en croix, très belle ép. d'artiste, et le denier de César par Massard d'ap. Titien, avant l. l. 2 p.

394 — 1815. Mort de Méléagre. Ep. d'artiste, chine superbe.

395 **Massard**. Sainte Magdeleine et présentation au temple. 2 p.

396 — Portrait du général Cavignac, d'ap. H. Vernet. Fac-simile de dessin d'ap. nature.

397 **Mecou**, d'ap. Isabey. Portraits de l'impératrice Marie-Louise, deux autres dames avant toutes l. et la reine Hortense, par Monsaldi. 4 p. très belles ép.

398 **Mercuri**. Portrait de madame de Maintenon jeune, ép. d'essai avant toutes l.

399 — Ep. un peu plus terminée, sur Chine.

400 **Mochetti**, d'ap. Raphaël. Le Parnasse. Très bien encadré.

401 **Morace**, d'ap. Raphaël. Portrait de Jules II. Le nom du graveur à la pointe. Très belle ép. toute marge.

402 **Morghen** (R.) d'ap. Corrége. La Charité. Très belle ép.

403 — D'ap. Raphaël. La Jurisprudence. Très belle ép. avec marge.

404 — D'ap. Raphaël. La Vierge du grand duc de Toscane, superbe gravure au trait sur un fonds gravé au burin. Cette estampe n'a pas été terminée. — Fort rare.

405 — D'ap. van Dyck. Portrait équestre de Fr. de Moncade. Très belle ép. avec le coup de lumière sur la cuirasse.

406 — D'ap. Poussin. Le Repos en Egypte et la Danse des heures. 2 p., belles ép.

407 — Portrait d'Alfieri, d'ap. Fabre. 1793. avant l. l.

408 — — Fr. Algarotti, d'ap. Liotard. Rare.

409 — — Dante, in-8. Avant l. l.

410 — — Fornarine de la Tribune de Florence. Ancienne ép.

411 — — Goldoni à claire voie, in-12 et g. in-8. Ovale. 2 p.

412 — — Guicciardini. 1819. Lettre grise.

413 — — Laure, d'ap. Simon Memmi. Rare.

414 — — Louis XVIII. Premier état, avec l. l. Deuxième état, avec changement et avant l. l.

	598	50
Ha VI	2	ϒ
Me X	10	50
Jol. 18.	17	
Me VI.	6	
		ϒ
	93	
	21	
~~Her 25A~~ J.V. Ju 4.	5	50
Her 3 V.5	5	50
Jol.5. Ju 4.	4	25
	10	
Her....	4	50 ϒ
	3	
	5	50
Ju 5.	5	
	721	25

791 25 1944 25
  33
   3.50
        4.25

        5.50

   6 50

   2

   2

   1.50

 103

        4.25
  0

        5.50
880 75 1963 75

WX

W2

W40 MeLXX

No4. JVI
Du XII

Du 6.

415 — — Léonard de Vinci, d'ap. lui-même. 33
Lettre grise, très belle ép.

416 — — Fortunata Sulger, d'ap. Kauffman et 3 50 Vig
D. Volpato Morghen. 1794. 2 p. Rare.

417 Morghen et Biondi d'ap. Sasso Ferrato. Vierge 4 25
les mains jointes avec dédicace autographe, signée de l'auteur. Très belle ép. avant l. l.

418 **Mouilleron**. D'ap. Robert Fleury. Incen- 5 50
die d'un quartier Juif et autre, par Leroux,
d'après Decamps, 2 p. lithog. Très belles ép.

419 **Muller** (H.-C.) D'ap. Luini. Le petit saint 6 50
Jean. Très belle ép. avant l. l. toute marge.

420 **A. M. R.** Mad. Munier-Romilly. Portrait 2 Vig
lithog. de M. Horace Vernet. 1823. Belle.

421 **Oortman**. Descente de croix, d'ap. Jouve- 2
net. Avant toutes l. et le marchand de pois-
son d'ap. Ostade, avant l. l. Chine 2 p.

422 **Overbeck** (d'ap.) Joseph et la femme de Pu- 1 50
tiphar, par Kauffman, et Die Indulgens, par
Koch. 2 p. belles.

423 **Photographie**. Collection de 68 pl. formant 103.
l'œuvre de Marc-Antoine Raimondi, avec une
notice par M. Benjamin Delessert, publié en 6
livraisons avec leur tables. Ouvrage complet et
de premier choix.

424 — Belle étude de femme nue couchée. 4 25 Vig

425 Portraits par divers graveurs, Charette, Mad. 8 Vig
Dacier avant toutes l. Favart, Largillière par
Wille, Mlle Lavallière, Pascal, Savonarole,
Voltaire, etc., etc. 16 p.

426 Portraits de Poussin, Pradier, Raphaël, Si- 5 50 Vig
galon, Boccace, Scaliger. 6 p.

427 Portraits lithographiés, Mll⁰ Mars par Desmaisons Chine, Chérubini par Dubufe père, Rossini, par Dupré, Pariset par Mauzaise et Berryer. 5 p. belles ép.

428 **Potrelle.** D'ap. M. Ingres. Portrait de Bartolini. Très belle ép. Rare.

429 — Portrait de Jules Romain. Très belle et toute première ép. Le nom et la signature de Potrelle à la pointe, à 5 cent. du noir.

430 **Pradier.** Portrait de la fille du Titien, avant l. l.

431 **Prout** et autres. Saint-Maclou, à Rouen, Notre-Dame-de-Paris et autres. 3 grandes lithogr.

432 **Prud'hon** (D'ap.). Zéphire, belle vignette gravée, l. grise-chine, et char de Vénus, Joseph et la Justice, par Boilly. 4 p. belles ép.

433 — La Volupté, par Aubry-Lecomte; par Boilly, la Caresse, l'Égratignure, l'Ame, Trois danseuses, Plafond de Diane, Thémis, Vénus au bain, et Triomphe de Trajan, par Maurin. 9 p. belles ép.

434 **Raphael** (D'ap.). Giacomo, par Staal, et Baptême du Christ, par Chevalier. 2 belles lithog. chine.

435 **Reynolds.** Portrait en pied de la marq. de Tavistock, d'ap. Jos. Reynolds.

436 **Rivera.** 1826. Flora di Tiziano, belle ép. lettre grise.

437 **Roger.** D'ap. Prudhon, vignette, tête de lettre pour le dép. de la Seine-Inférieure, très belle ép.

		1963 75	880
			1 75 ¼
			¼
d. 15. W 3			4 50 ¼
W 5		1	¼
			4 50
			4
d. 5.			2
		4 50	
			11 50
			V¼
			1
			4
			7
d. 6. Vol. VII		15	
		1984 25	920 25

```
 770 95   1984 25
            17 50          H XXII.Sol.6.
                             Du 650
    1
    1
    2 50


    1
    1
    4 25
    3 25
    2 50                        Kerv
    3 25
            7 50              Ma 5
                              Du XII
    8
  948 60  2009 25
```

— Autre pour la préfecture de la Seine, très belle ép. — 17.50 Vig

438 — Portraits de Rumfort, ép. d'artiste, Mesd. Sévigné et Grignan. 3 p. — 1 Vig

439 **Rosaspina** (F.). Portraits de Casti et de M. Antoine Raimondi, avant l. l. — 1 Vig

440 **Rosaspina** (G.). Sujets religieux. 2 p. d'ap. Francia, d'ap. In. d'Imola et d'ap. Perugin. 4 p. tirées de la galerie de Bologne, toutes marges. — 2 50 Vig

441 **Ruscheweyh**. 1831. D'ap. Raphaël, les Sibyles, jolie petite pièce. — 1 Vig

442 **Salandry**. D'après le Guide. Portrait de Béatrice Cenci, belle ép. — 1 Vig

443 **Salvatori**. D'ap. Raphaël, Il Violinista, belle ép. toute marge. — 4 25

444 **Schuler**. D'après Léopold Robert. Les Moissonneuses. 1836, belle ép. chine rare. — 3 25

445 **Singry**. Portraits lithog. de Baillot, violon — Fleury et Michot, acteurs. 3 p. belles ép. — 2 50 Vig

446 **Steifensand**. — D'ap. Raphaël, Sainte-Catherine d'Alexandrie, très belle ép. chine. — 3 25

447 **Tardieu** (P.-A). D'ap. Vandyck, portrait. *Le comte d'Arondel*, superbe ép., le nom à la pointe, état rare. — 7 50

448 **Tardieu** (Alex.). Portrait de Bonaparte, 1er consul, d'ap. Isabey, an 9. — Charles XII. — Mad. du Boccage. — Henri IV, in-8. — Montesquieu, d'ap. Chaudet, avant l. l. — Sta- — 8 Vig

nislas, roi de Pologne, 1792, avant les adresses du graveur et de Jauffret. — Volney, lettre grise. — Voltaire, d'ap. Largillière et d'ap. Houdon. 9 p. belles ép.

5 — 449 **Tavernier**. Portrait de Monge, avant l. l. chine.

1 25 — 450 **Van Os**. Groupe de fruits, grande et belle lithog.

6 50 — 451 **Vendramini**. D'après Léonard de Vinci. Leda, belle ép. avant l. l. sur chine d'une jolie petite pièce.

1 25 — 452 **Vernet** (l'ar et d'ap. C.). Cheval de course anglais et le Néron. 2 p. belles ép.

100 — 453 **Vernet** (Horace.). Collection de 6 albums cartonnés, très belles ép. choisies. — N° 1, le second croquis, le Grenadier le bras en écharpe. 1817, les trois pièces du jeu de la drogue, le Turc et sa maîtresse, petite pièce très rare, la pierre ayant été brisée, le Grenadier de Waterloo à la plume et autres pièces très rares, 1818. 30 p. — N° 2. 1819 et autres. Sujets militaires, Petits-Petits, Tiens ferme et tête de lettre, Repas de la Garde-Nationale, 1820. 18 p. — N° 3. Portraits de Chauvelin, Maurocordato et sujets de genre. 16 p. — N° 4. La Henriade. 18 p. sur chine. — N° 5. Réunion de pièces très rares, dont son premier croquis, le lancier à cheval, 1816. Napoléon à l'île d'Elbe, Partisan volontaire, les Éclaireurs du 1er et 2e rang, Tombeaux de Fox et Pitt, Combat d'un Kurde et d'un Persan, titres de romances, le Paria et

			948
			5
			1 25
No.3			6 50
			1 25
No 6090		100	
No XXV			
No 6			
No 6			
No XX			
No XXV			

£.	S	T
962	2009 75	
	8 50	
	18	
1 25		
5		
140		
5		
		3 75
		7 50
1113 95	2029 75	

autres, portraits de Mad. Peregaux en pied, Maréchal Sébastiani, 3 vignettes pour le voyage en Normandie; en tout, 28 p., dont une copie gravée. — N° 6. Portraits de C. Vernet, Guerin, Pie VII, Sepulcro di Raffaello, le prince Gagarin en pied, le Champ d'Asyle, scène d'Auvergne, Tombeau de J. Poniatowski et autres pièces rares. 25 p.; en tout 135 p.

454 **Vernet** (H.) Portraits de M. le comte Muraire, rare. C. Vernet, 1818, en pied. 2 p. belles ép.   8 50

455 — Lever du valet de limier, très belle ép. avant l. l., toute marge, cuisine militaire et fin de page du château d'Arques. 3 p. belles.   12

456 **Vinci** (D'ap. Léonard de). Le carton de Pise, lithog. par Bergeret, et la Vierge à la pomme, par Heine. 2 p.   1 25

457 **Volpato.** D'ap. Raphaël, la Mise au tombeau.   5

458 — Et Morghen (R.). D'ap. Raphaël, les chambres du Vatican, suite complète de 8 p., belles ép.   140

459 — Les Sybilles, très belle ép. très bien encadrée.   11

460 **Webb.** D'ap. Cooper. Chevaux. 3 p. avant l. l. sur chine.   5

461 **Wille.** Portr. de Jean de Boullogne, contrôl. des finances, belle ép. sans marge.   3 75

462 — L'Homme au casque et l'homme au chapeau, pièces rares, — Tête de Turc anonyme, dans le goût du maître. 3 p. très-belles ép.   7 50

ILLUSTRATIONS & VIGNETTES

463 **Desenne** (D'ap.). 8 pièces, pour Aminte, Oraisons funèbres de Bossuet, La Fontaine, Molière, gravé par Johannot, Leroux, Lignon, Roger, ép. d'artistes.

464 — Dix pièces pour le poëme et les contes de Voltaire, Confessions de Rousseau, gravées par Bein, Blanchard, Johannot, Lefèvre, Leroux, Prévost, Vallot, etc., ép. d'artiste.

465 — Dix pièces pour Boufflers, lettres à Émélie, Clotilde de Surville, et l'Hermite, par Blanchard, Burdet, C. Johannot, Muller, Roger, ép. d'artiste.

466 **Eisen** et Fragonard (D'ap.), gravé par Delaunay et Tilliard. 3 p. dont 2 sont avant l. l.

467 **Gérard** (D'ap. Fr.). Cinq pièces pour la tragédie d'Alexandre, gravées par Romanet et autres. Quatre sont avec les tablettes qui ont été supprimées pour les ép. avant l. l., et une est avant toutes l.

468 — Cinq pièces pour la tragédie de Bajazet, de Racine, gravées par Massard et autres. Trois sont ép. d'artiste et deux avec l. l.

469 — Énéïde, une pièce; Lusiade, deux pièces; Daphnis et Chloé, une pièce. 4 p. ép. d'artistes, gravées par Massard, Migneret et autres.

470 **Hersent** (D'après). Trois pièces pour les Oraisons funèbres de Boileau, Molière, par Blanchard et Lignon, ép. d'artistes.

Du X		1113 25
		1	1cy
			1cy
Du X		10 50
		2	
		4 25
Ma 6		6 50
Ma 5		1	
		2 25
Du 3		2 50	Vcy
		1149 25	1cy
			1cy

$	$		
1145		2059 75	
26			Ju 25 MaXX
8	50		Ju 5 C28
3	25		Ju 3 JaVIII
		51	JuI ~~Ma~~ MaXL
9			Ju 3 MaXXI4
4			Ju 4
1	50		
9			Ju 9
6			Ju 5
		6	Ju 5
1216	50	2 75	
		1 75	Ju 4
		2 25	
		3 25	
		2045 75	

471 **Johannot** (Alfred et Tony). Cinquante pièces pour les romans de F. Cooper et 2 vig. par Blanchard, d'ap. eux. 52 p. avant l. l. chine, grand papier superbe exemplaire.   26

472 — (Tony). Dix pièces à l'eau forte, 1844, pour Werther, très bel ex. sur chine.   8 50 Vig

473 — Deux pièces pour Lafontaine et une pour les Confessions, gravées par Cousins, Konig, Lefèvre. Deux sont ép. d'artistes. 3 p. très belles.   3 25 Vig

474 **Album Johannot.** Les saints Évangiles et autres, plusieurs eaux fortes par lui. 36 p. sup. avant toutes l. et lettres à la pointe, sur chine en un album oblong demi-rel.   51

475 **Moreau.** Le Jeune. 3 p. d'ap. Ses compositions pour les chansons de M. de la Borde. 2 sont avant l. l.   9 Vig

476 — Quatre pièces pour le poëme et contes de Voltaire, gravés par Simonet avant l. l.   4

477 — Roger, Friley et Ruhierre, d'ap. Prudhon, Charlet et Collin. 4 p. belle ép. d'artistes.   1 50

478 **Vernet** (D'ap. H.). Cinq pièces pour Molière et quatre pour Don Quichotte, par Bein Leroux, Muller. 9 p. ép. d'artistes.   9

479 — Vignettes anglaises, la Toilette, par Portbury, avant l. l. et autres, sur chine. 5 p.   6

480 — Vignettes anglaises et françaises, la plupart avant l. l. Portraits, etc., etc., seront vendues en plusieurs lots au commencement de la première vacation.   6

Maulde et Renou, imprimeurs de la Compagnie des Commissaires-Priseurs, rue de Rivoli, 144

17. 18 mars 1856
Vente d'Estampes
pour M. Pignères

Produit   5111. 25
    Déduire pour ex Thiers   510. 50
                                              4600. 75
Déduire pour frais 19 p%   874.
                                              3726. 75
Bordereau de M. Pignères   998. 30
                                              2728. 45

Réglé le 13 Avril 1856.

Commissaires   155.
Chemisiers   8. 50
M. Thiers   37. 50
Aff.ᵉˢ L.ˢ   10
                          211.   2728. 45

M.   11 10
L   24 30
Sol. 1657. 20
Sub. 985. 35
O   843. 20
Riv 82. 20
     3,603 35